STRUDEL
UND STRIEZEL

Das große kleine Buch

Elisabeth Ruckser

STRUDEL
UND STRIEZEL

Rezepte mit Geschichte

Inhalt

Von Strudeln und Striezeln

Oder auch: Es gibt nichts, was es nicht gibt

Es lebe die Vielfalt

Die einen aus hauchzartem Strudelteig gerollt, die anderen aus süßem Germteig geflochten, die einen g'schmackig-kräftig, die anderen süß, zart und flaumig: Strudel und Striezel prägen die Geschichte der österreichischen Küchentradition in den unterschiedlichsten Formen und regionalen Varianten.

Den Teig beziehungsweise das Mehl darin haben sie wohl alle gemeinsam, aber was sonst noch so drin und dran ist, da gibt's dann auch schon fast nichts mehr, was es nicht gibt: Findige Köche und Köchinnen verarbeiteten durch die Jahrhunderte, was Region und Jahreszeit zu bieten hatten, nahmen Anleihen bei der höfischen wie bäuerlichen Küche.

Sie walkten Nudel-, Erdäpfel-, Topfen- oder Germteig nach Kräften und füllten ihn je nach Anlass deftig oder elegant, sparsam-alltäglich oder aufwendig-festlich, erdig oder luftig. Selbst Legenden und Sagen ranken sich um die Entstehungsgeschichte des einen oder anderen Rezepts, und jede Menge Brauchtum ist damit verknüpft.

Eine kurze Geschichte des Teiges

Dünn und gleichzeitig äußerst haltbar – so muss er sein, der Teig für den Strudel. Und Generationen von Köchinnen mühten sich redlich, auf dass das sorgfältig in die Länge und Breite gezogene Endprodukt diesen Anforderungen genügen möge. Als Ansporn hieß es übrigens zuweilen, dass man durch den hauchdünnen Teig hindurch einen Liebesbrief lesen können müsse – in der weniger romantischen Auslegung darf's auch die Zeitung sein. Ursprünglich im arabischen Raum daheim, machten sich die ersten „Filoteige" über Nordafrika und Spanien vermutlich im 15. und 16. Jahr-

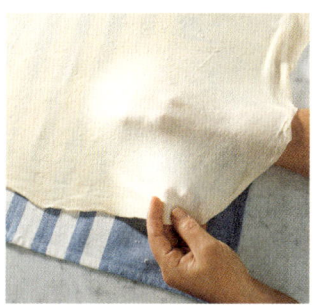

**Außen herum die zart-elastische Hülle,
innen drin die köstliche Fülle.**

hundert Richtung Europa auf, um von Frankreich aus in Form des Blätterteigs die restliche Welt zu erobern.

Uns bescherte die Zweite Türkenbelagerung von 1683 den Strudelteig, und wie üblich ließen sich die Wiener nicht lang bitten, wenn es galt, etwas Neues, Wohlschmeckendes in ihr kulinarisches Repertoire aufzunehmen.

Das Brot und die Prato

Unter dem Stichwort „Brot" finden sich vor allem in biedermeierlichen Kochbüchern Rezepturen, die mit dem alltäglichen Laib Brot nicht recht zu tun haben. Als süße striezel-  artige Gebäcke waren sie stets „zu Kaffee oder Thee" vorrätig, und die Palette reicht vom Milchbrot übers Kindbettbrot bis zum Kaiserbrot. Auch im Buch der großen Katharina Prato, legendäre Kochbuch-Autorin des zu Ende gehenden 19. Jahrhunderts, nimmt das nachmittägliche Teegebäck beachtlichen Raum ein, etwa als „Anis-Krapferl zu Thee", „Pinza (ein Oster- oder Theegebäck)" oder „Erdäpfelbrot zu Kaffee".

MILCHBROT-REZEPT

nach Katharina Prato

···································

ZUTATEN

1 kg Mehl (1 ½ „Liter" im Originalrezept),
40 g Germ, Milch „soviel als nöthig", 70 g Kristallzucker,
70 g Butter (oder Schmalz oder 1 Dotter),
1 Prise Anispulver, 1 Prise Salz

ZUBEREITUNG

„Zum Mehl nimmt man die Germ, die man mit Milch und etwas vom Mehl verrührt und aufgehen lässt. Zucker, Anis, Salz, Butter und soviel nöthig laue Milch, um einen festen Teig zu machen, welchen man nicht abschlägt, sondern knetet, wie Brotteig, bis er Blasen bekommt und beim Herausziehen der Hände schnalzt. Dann knetet man den Teig auf dem mit Mehl bestreuten Brette gut ab, damit das Brot feinlöchrig wird, und formt daraus einen Wecken. Wenn er gut aufgegangen ist, stürzt man ihn auf das mit Fett bestrichene, bemehlte Blech und bestreicht ihn vor dem Backen mit kalter und nach dem Backen mit warmer Milch."

1682 erstmals erwähnt:
das älteste Rezept für Millirahmstrudel.

Die Sage vom Strudel

Der Millirahmstrudel dürfte dabei eines der ältesten be-
kannten Rezepte sein, das erste Mal taucht er niederge-
schrieben im Jahre 1682 auf. Und zwar in der *Georgica curiosa*,
einem enzyklopädischen Werk über alle Aspekte der Haus-
und Landwirtschaft aus der Feder des Barockschriftstellers
Wolf Helmhardt von Hohberg, einem Spross schlesisch-
niederösterreichischen Landadels.

Nicht viel jünger auch die in der Sammlung historischer Rezepte der Wiener Stadtbibliothek aufbewahrte Anlei-
tung für „Mülch Raimb Strudl" aus einem handgeschriebe-
nen anonymen *Koch Puech* von 1696.

Die weitverbreitete „Sage vom Breitenfurter Millirahm-
strudl" dagegen entstammt einer späteren Zeit, etwa um
1900. Damals soll der Wirt Franz Stelzer die Meierei des
Schlosses Breitenfurt beim Kartenspielen gewonnen haben.
Das Rezept für den Millirahmstrudel – „Was fang ich bloß
mit den Kühen und der vielen Milch an?" – bescherte ihm
seine im Traum erschienene Mutter und machte ihn damit
zu einem reichen Mann.

Die süßen Seiten des Lebens

Am Anfang war jedenfalls der Zucker. Pikant gefüllte Strudel dürfte es erst später gegeben haben, vermutlich als er-
schwinglichere und sättigendere Abwandlungen der süßen

Varianten. Zucker war im 17. Jahrhundert eine höchst wertvolle „Würze", die nur in geringen Mengen zur Verfügung stand und sparsam eingesetzt wurde. Die jahrhundertelang gebräuchlichen Zuckerhüte entwickelten sich erst später zur üblichen Handelsform, als von Italien ausgehend in europäischen Städten Zuckerraffinerien entstanden. Diese Hüte stellten übrigens die sogenannten Zuckerbäcker her, die ihren Namen nicht vom Backofen haben, sondern von der Herstellung der „zusammengebackenen" Zuckerkristalle.

Zucker: eine wertvolle „Würze",
die höchst sparsam eingesetzt wurde.

In der Glut gebacken

Was in den Küchen des Adels fein, süß und teuer war, war in der bäuerlichen Variante sättigend und deftig. „Da mussten die Speisen natürlich in erster Linie ausgeben", bestätigt auch die kulinarische Historikerin Ingrid Haslinger. Im Burgenland etwa waren Strudel seit jeher traditionelle Speisen, die im Verlauf des Jahres ihren fixen Platz hatten und im Brauchtum fest verankert waren. Ganz wichtig etwa: Am Neujahrstag muss(te) ein Strudel gegessen werden – „und wenn er aus Asche ist" –, sonst gibt's das ganze Jahr keinen Strudel. Die ursprüngliche Zubereitungsart war dabei in einem Topf, der einfach in die Glut gestellt wurde. Dabei wurde der Strudel in eine „treihaxiti" irdene Rein gelegt, mit einem Deckel gut verschlossen und ganz und gar mit Glut bedeckt, auch an der Oberseite des Topfes. Sonst „that's ob'n-auf waiß plaib'm".

Die Kunst war nun zu erkennen, wann der Strudel fertig war – und die Bäuerinnen wussten das natürlich ganz genau. Diese Form der Zubereitung war übrigens bis zum Ende des 19. Jahrhunderts in der Region um Ödenburg durchaus noch üblich. Erst mit der Einführung der holzbeheizten Sparherde und ihrer Backrohre bekam der Strudel seine langgestreckte Form. Davor wurde er schneckenartig in den Topf gedreht. Daher auch der Namen „Strudel" vom althochdeutschen Wort „stredan" für „wallen" oder „brausen".

Kraut und Rüben, gesotten und gebraten

Gefüllt wurde der Strudel mit allem, was die jeweilige Region zu bieten hatte: Äpfel, Zwetschken, Nüsse, Topfen oder Kraut und Rüben, Grammeln, Erdäpfel und Mohn.

Auch der Teig wurde zuweilen entsprechend „aufgefettet". Beim Schmerteig wird rohes Schweinebauchfett zu einer Art Blätterteig verarbeitet, und Grammeln kommen gerne fein faschiert nicht als Fülle in den Strudel, sondern gleich in den Teig.

Die Strudel wurden nicht nur gebacken, sie wurden auch gekocht oder „gesotten". Im Kochbuch der Marie von Rokitansky etwa, einer populären „Sammlung selbsterprobter Kochrezepte für den einfachsten und den feinsten Haushalt" Ende des 19. Jahrhunderts, finden sich gekochte Grießstrudel mit Rahm genauso wie ein Rezept für einen Topfenstrudel, der im Salzwasser gesotten wird. In der Bauernküche wurden die Strudel ebenfalls gern gekocht, der Einfachheit halber gleich in der Suppe.

Der Germteig

Der Wunsch, einen Teig „zum Gehen" zu bringen und ihn so vom einfachen Fladen in ein flaumiges Backkunstwerk zu verwandeln, ist so alt wie die Kunst des Brotbackens selbst. Die Ägypter waren vermutlich die Ersten, die Mitte des letzten vorchristlichen Jahrtausends erkannten, dass die

Seit dem 17. Jahrhundert bringt Germ
auch den Striezelteig „zum Gehen".

Beimischung von mit Weinmost vergorenem Mehlbrei Teigstücke lockerer werden ließ. Die Kelten gelten dann ein paar Jahrhunderte später als Erfinder der Germ. Sie formten aus Weinmost und Hirse eine Art Teigkuchen, der in der Sonne getrocknet und dann das ganze Jahr über stückweise und in Wasser aufgelöst für die Brotherstellung verwendet wurde.

Wo Bier gebraut wurde

In Frankreich schließlich setzte im 17. Jahrhundert die Verwendung von flüssiger Bierhefe ein. Germ in unserem Sinn war dann vor allem in jenen Regionen bekannt, in denen Bier gebraut wurde. Kein Wunder also, dass die ersten Germteige aus dem süd-deutschen und tschechischen Raum „importiert" wurden. Zu der Zeit war die bürgerliche Backkunst bereits hoch entwickelt und Germ gut bekannt, schreibt dazu Herta Neunteufl in ihrem Buch „Kochkunst im Barock: Aus der Welt der steirischen Küche um 1686". Die Erfindung der Presshefe schließlich durch den Wiener Brauer Adolf Ignaz 1847 erleichterte die Herstellung von Germteig sehr.

Eine Leiter in den Himmel

Der Germteigstriezel hat in vielen Regionen Österreichs lange Tradition und ist eng mit dem Brauchtum verknüpft. Zu Ostern werden Eier in den Striezel eingeflochten, zu Nikolaus bekommt er Tierköpfe, Zwetschkenaugen oder Rosinenknöpfe. Auch figürliche Darstellungen als Wickelkind – ein Geschenk für die Wöchnerin – sind bekannt, es gab Brautkuchen oder Weihnachtsstollen.

Das Flechten selbst ist eine uralte Technik, vermutlich mit Zusammenhang zu einem antiken Brauch: Als Zeichen der Trauer schnitten sich Frauen die geflochtenen Haare ab.

In den meisten Gegenden Österreichs waren Striezel seit jeher ein Geschenk der Paten an die Taufkinder oder Spendenbrote. In der Allerseelenwoche etwa wurden an Kinder und Arme Gebäcke ausgeteilt, was darauf zurückzuführen ist, dass das süße Gebäck für die heimkehrenden Seelen neben die Gräber gelegt wurde.

Ebenfalls überliefert ist eine Striezelvariante, die in Oberösterreich gebräuchlich war und bei der die Eltern ihren Kindern eine sogenannte „Himmelsleiter" schenkten.

Glossar

Abtrieb: Butter-Dotter-Zucker-Mischung: Weiche Butter, Zucker und Eidotter werden so lange mit der Hand oder mit dem Mixer verrührt, bis eine homogene Masse entsteht.

Auswalken: Den Teig mittels Nudelholz möglichst dünn bzw. zur angegebenen Stärke ausrollen.

Ausziehen: Strudelteig über die bemehlten Handrücken hauchdünn ausziehen, genaue Schritt-für-Schritt-Anleitung siehe Seite 25.

Backblech: Das Blech entweder gut mit Butter einfetten oder mit einem Bogen Backpapier auslegen.

Bestreichen: Die fertig zusammengerollten Strudel jeweils mit einem versprudelten Ei bestreichen. Zum Ei kann man auch ein wenig Milch oder Wasser (siehe jeweiliges Rezept) mischen.

Biskuitbrösel: Süße Brösel aus den Resten von getrocknetem Biskuit oder Biskotten, gerieben oder mittels Nudelwalker in einem Vakuumiersack fein zerbröselt.

Dampfl: Für die Germteige wird, wenn nicht anders angegeben, ein Dampfl (auch Gärprobe oder Germteig-Ansatz genannt) zubereitet: Die angegebene Menge Germ in ein kleines Gefäß bröseln und mit warmer Milch, etwas Zucker sowie Mehl mischen. Das Dampfl soll ungefähr die Konsistenz eines Tropfteiges haben. Dann gut mit Mehl bestäuben und an einem mäßig warmen Ort gehen lassen. Zeigt das Mehl an der Oberfläche Sprünge und geht das Dampfl etwa zur doppelten Höhe auf, kann es zur Herstellung des Teigs verwendet werden.

Eier: Die angegebenen Mengen sowie auch die Mengen von Eidotter und Eiklar beziehen sich auf Eier der Größe M (mittel).

Herd: Kein Backrohr ist wie das andere – das wissen alle Köche und Köchinnen. Unsere Angaben zu Temperaturen und Backzeiten sind Richtwerte für elektrische Backrohre. Zur exakten Temperaturermittlung kann zusätzlich auch ein spezielles Backrohr-Thermometer verwendet werden. Gebacken wird bei Ober- und Unterhitze.

Mehl: Wenn nicht anders angegeben, wird glattes Weizenmehl verwendet. Es ist auch möglich, Universalmehl (Type W 480) zu nehmen.

Mengen: Die Zutatenmengen sind, wenn nicht anders angegeben, jeweils als Fülle für einen Strudelteig nach unserem Grundrezept (Seite 25) bzw. einen Strudel oder Striezel berechnet.

Rüben: Auch als Mairüben, Herbst-, Acker- oder Stoppelrüben bekannt: werden auf Märkten wieder vermehrt angeboten.

Schmer: Das ist die Bezeichnung für rohes Bauchfett vom Schwein. Es wird geschabt oder fein faschiert. Für den Schmerstrudel wird es mit Mehl zu einem Ziegel verarbeitet. Dieser wird dann wie bei der Zubereitung von Butter- bzw. Blätterteig in den Basisteig eingeschlagen und mehrfach wieder ausgewalkt und zusammengeschlagen.

Temperatur/Zutaten: Die Zutaten, wenn nicht anders angegeben, bei Zimmertemperatur verarbeiten.

Ein Ziegel aus Mehl und Fett: die Basis für Schmerstrudel.

Wiener Sechsstrangzopf

Alles eine Frage der Übung

Mit Glück kennen Sie jemanden, der das Striezelflechten mit mehreren Strängen noch beherrscht. Dann bitte gut zuschauen und nachmachen! Übung macht den Meister, lautet die Devise. Allen anderen sei diese Schritt-für-Schritt-Anleitung ans Herz und auf die Kredenz gelegt. Nur Mut: Wer es ausprobiert und einmal gelernt hat, der vergisst es nie wieder! Noch ein Tipp: am besten zuerst eine Trockenübung machen, zum Beispiel mit Stoffstreifen.

❶ Ausgangsstellung: Sechs Striezelstränge auflegen, in drei rechts und drei links sortieren und obere Enden zusammendrücken. Die Stranggruppen bestehen jeweils aus Außen-, Mittel- und Innenstrang. ❷ Erste Flechtung: Mit der linken

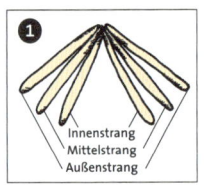

Innenstrang
Mittelstrang
Außenstrang

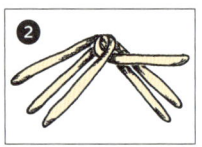

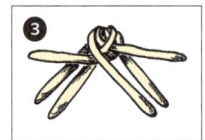

Hand den linken Mittelstrang nehmen, mit der rechten den Außenstrang rechts. Den linken Mittelstrang unter dem Außenstrang durchführen und als rechten Außenstrang ablegen. Gleichzeitig den rechten Außenstrang obendrüber nach links führen, er wird zum linken Innenstrang.

❸ Zweite Flechtung: Mit der rechten Hand den rechten Mittelstrang nehmen, die linke Hand führt den linken Außenstrang obendrüber nach rechts und legt ihn als rechten Innenstrang ab. Den rechten Mittelstrang gleichzeitig mit der rechten Hand als linken Außenstrang ablegen. ❹ Nun wie bei der 1. Flechtung linken Mittelstrang unter dem rechten Außenstrang durchführen und als neuen rechten Außenstrang ablegen, gleichzeitig den alten rechten Außenstrang obendrüber als linken Innenstrang ablegen. ❺ Jetzt wieder wie bei der 2. Flechtung rechten Mittelstrang unter dem linken Außenstrang durchführen und als linken Außenstrang ablegen, gleichzeitig den alten linken Außenstrang nach rechts führen und als rechten Innenstrang ablegen. ❻ Die beiden Flechtungen bis zum Ende der Teigstränge durchführen, dann die Enden gut zusammendrücken.

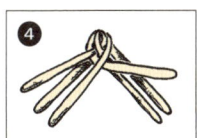
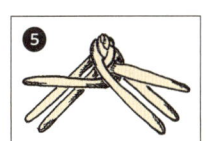
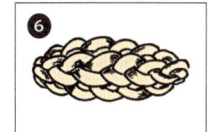

Gezogener Strudelteig

Das Grundrezept aus dem Burgenland

Aus der Strudelbibel

Ein Originalrezept der für ihre Strudelkunst berühmten burgenländischen Köchinnen. Vom Seewinkel bis in den südlichsten Zipfel der Hianzischen Dialektregion ist der Strudel quasi im Burgenland zu Hause: gesotten, gebraten, gebacken, mit Äpfeln, Rüben oder Blunzen gefüllt.

Dieses Rezept stammt aus der sogenannten „Strudelbibel".
In dem leider bereits vergriffenen Büchlein wurden traditionelle Rezepte gesammelt und mit einer eigenen Lautschrift im Hianzischen Original mitsamt hochdeutscher Übersetzung veröffentlicht.

In anderen Teigrezepten findet sich manchmal auch noch zusätzlich oder statt des Eis ein Klecks Schmalz, der eingearbeitet wird.

Eine weitere wichtige Zutat für die Zubereitung ist übrigens ein (Küchen-)Tisch, damit man genug Platz hat, um den Teig auszuziehen.

> **Tipp:**
>
> *Sollte der Teig nach dem Kneten zu weich sein,*
> *bedeckt man ihn vor der letzten Rastphase mit einer*
> *kalten Schüssel. Ist der Teig zu hart, legt man diesen*
> *in eine gewärmte Schüssel.*

ZUTATEN FÜR 1 STRUDELTEIG

250 g Mehl · 1 Ei · 125 ml lauwarmes Wasser
Salz · Mehl zum Bestreuen

SO WIRD'S GEMACHT

❶ Mehl auf ein Nudelbrett sieben und in der Mitte eine kleine Grube machen. Das Ei in eine Kaffeetasse schlagen – so sieht man genau, dass auch keine Schalen dabei sind. Etwas salzen, mit ein wenig lauwarmem Wasser versprudeln und in die Grube geben.

❷ Das Mehl mit dem Ei so lange kneten, bis sich der Teig vom Nudelbrett löst. Teig auf eine mit Mehl bestreute Stelle legen und ein wenig rasten lassen. Danach den Teig so lange weiterkneten, bis sich Blasen bilden. Teigkugel schließlich mit etwas lauwarmem Wasser benetzen und gut eine halbe Stunde erneut rasten lassen.

❸ Den Teig mit dem Nudelholz zu einem Rechteck ausrollen. Ein Tuch auf dem Tisch ausbreiten und gut verteilt mit Mehl bestreuen. Den ausgewalkten Teig auf das Tuch legen.

❹ Bemehlte Hände unter den Teig schieben und den Teig über den Handrücken vorsichtig und mit Gefühl ausziehen – so lange, bis er fast durchsichtig ist. Leichter geht es, wenn man den Teig in der Mitte mit dem Nudelholz beschwert oder wenn man zu zweit arbeitet. Den Teig zuerst in der Mitte dünn ausziehen, danach erst an den Rändern nach außen ziehen.

❺ Zum Schluss wird der übrig gebliebene dicke Rand mit dem Messer abgeschnitten. Früher wurden diese Reste auf die Herdplatte gelegt, bis sie sich aufgewölbt haben – ein Festessen für die Kinder.

❻ Die Fülle auf dem vorderen Drittel des Teiges auftragen.

❼ Mithilfe des Tuches den Strudel von der Fülle weg einrollen. Dabei das Tuch anheben und schrittweise wegziehen. Die beiden Enden links und rechts nach unten einschlagen, damit die Fülle nicht herausfällt.

❽ Ein Backblech mit Backpapier auslegen oder mit Butter bestreichen und den Strudel darauflegen. Zum Schluss mit flüssiger Butter bepinseln und ins vorgeheizte Backrohr schieben.

Richtwert für Backtemperatur und Dauer:
bei 200 °C etwa 30 Minuten

MILLSTÄTTER APFEL-REINDLING

Kärnten

ZUTATEN

- 1 kg Mehl
- 30 g Germ
- 1 Ei
- 450 ml lauwarme Milch
- 50 g flüssige Butter
- Salz
- 1 kg Äpfel
- 3 TL Zimt
- 75 g Zucker
- Saft von ½ Zitrone
- Butter zum Ausstreichen
- Mehl oder Brösel zum Ausstreuen

ZUBEREITUNG

Aus Mehl, Germ, Ei, Milch, Butter und Salz einen weichen Teig kneten und eine halbe Stunde lang in der Wärme gehen lassen. Falls der Teig zu fest ist, etwas mehr Milch nehmen. Äpfel schälen, entkernen und grob reiben. Mit Zimt, Zucker und Zitronensaft vermischen.

Teig nicht zu dünn ausrollen und mit der Fülle bestreuen. Einrollen und in eine gut befettete Pfanne, die mit Mehl oder Bröseln ausgestreut ist, legen. Nochmals eine halbe Stunde rasten lassen.

Im vorgeheizten Rohr bei 190 bis 200 °C etwa 60 Minuten lang backen.

KLASSISCHER APFELSTRUDEL

Wien

ZUTATEN

- Strudelteig nach Grundrezept (Seite 25)

Fülle:
- 1,5 kg Äpfel, geschält, entkernt und in Scheiben geschnitten
- Saft von 1 Zitrone
- 60 g Rosinen, in Rum eingelegt
- 100 g Kristallzucker
- 2 EL Vanillezucker
- 200 g zerlassene Butter
- 100 g Biskuitbrösel
- 1 Prise Zimt
- 1 versprudeltes Ei und zerlassene Butter zum Bestreichen
- Staubzucker zum Bestreuen

Die Originalvariante – nach einem Traditionsrezept aus dem Hause Sacher.

ZUBEREITUNG

Teig ausziehen. Die Äpfel mit Zitronensaft beträufeln und mit Rosinen, 2 EL Zucker sowie 1 EL Vanillezucker vermischen. Strudelteig mit der Hälfte der zerlassenen Butter bestreichen. In der restlichen Butter die Brösel anrösten, dann mit dem restlichen Zucker sowie Vanillezucker und Zimt vermischen. Den Strudel damit bestreuen, Apfelmischung darauf verteilen und einrollen. Strudel mit der Teignaht nach unten hufeisenförmig auf ein befettetes Backblech legen. Mit versprudeltem Ei bestreichen und im vorgeheizten Rohr bei 180 °C etwa 30 Minuten backen.

BLUNZENSTRUDEL

Mittelburgenland

ZUTATEN

- Strudelteig nach Grundrezept (Seite 25)

Fülle:
- 4 gekochte Erdäpfel
- etwas Schmalz
- 2 Zwiebeln
- 750 g Blunze
- 4 fein gehackte Knoblauchzehen
- fein gehackte Petersilie
- Majoran
- Salz
- Pfeffer
- einige EL Sauerrahm
- ev. Semmelbrösel
- Öl oder flüssiges Schmalz zum Bestreichen
- 1 versprudeltes Ei zum Bestreichen

ZUBEREITUNG

Erdäpfel schälen und in einer Schüssel leicht zerdrücken. Schmalz in einer Pfanne erhitzen, Zwiebeln darin goldbraun anbraten. Die Blunze häuten, grob würfeln und mitbraten. Alles zur Erdäpfelmasse geben und kräftig mit Knoblauch, Petersilie, Majoran, Salz und Pfeffer würzen.

Mit ein paar Löffeln Sauerrahm zu einer homogenen Masse verrühren. Ist die Masse zu flüssig, mit Semmelbröseln binden.

Den ausgezogenen Strudelteig mit flüssigem Schmalz oder Öl bestreichen, Masse darauf verteilen und den Strudel zusammenrollen. Mit Ei bestreichen und im vorgeheizten Rohr bei 180 °C goldbraun backen.

PURBACHER BOHNENSTRUDEL

Neusiedler See

ZUTATEN

• Strudelteig nach
  Grundrezept
  (Seite 25)

Fülle
• 8 altbackene
  Semmeln
• 2 Zwiebeln
• 1 kg gekochte
  weiße Bohnen
• Öl zum Rösten
• Salz
• Pfeffer
• Majoran
• Öl zum Heraus-
  backen

ZUBEREITUNG

Semmeln in Würfel schneiden,
Zwiebeln schälen und fein schneiden.
Zwiebeln in einer Pfanne in etwas Öl
glasig werden lassen, Semmelwürfel
zugeben und kurz mitrösten. Die
Masse kräftig würzen, vom Herd
nehmen und mit den gekochten
Bohnen vermischen.
Die Masse auf dem ausgezogenen
Teig verteilen und den Strudel
einrollen. Mit einem Kochlöffelstiel
etwa alle 8 cm zum Teilen eindrücken.
Dann durchschneiden und die
Ränder fest andrücken.
In einer großen Pfanne reichlich
Öl erhitzen und die Strudelpackerln
darin herausbacken.

ERDÄPFELBROT

Mühlviertel

ZUTATEN

- 200 g mehlige Erdäpfel, geschält, geviertelt und in Salzwasser weichgekocht
- 30 g Germ
- 150 ml Milch
- 500 g Mehl
- 80 g Butter
- 2 Eier
- 60 g Staubzucker
- 1 Spritzer Rum
- 10 g Salz
- geriebene Schale von 1 Zitrone
- 60 g Rosinen
- 1 versprudeltes Ei zum Bestreichen
- ev. Butter fürs Blech

ZUBEREITUNG

Die Erdäpfel noch heiß passieren und erkalten lassen.

Germ in Milch auflösen, mit etwa 50 g Mehl verrühren, etwas Mehl drüberstreuen und zugedeckt gehen lassen.

In der Zwischenzeit Butter erwärmen und in eine Schüssel geben. Eier, Staubzucker, Rum, Salz sowie Zitronenschale einrühren. Masse mit dem Germ-Dampfl, den Erdäpfeln und dem restlichen Mehl vermischen. So lange rühren bzw. abschlagen, bis sich der Teig vom Rand der Schüssel löst. Rosinen beigeben und 50 Minuten zugedeckt an einem warmen Ort gehen lassen.

Teig in zwei Hälften teilen, mit der Hand verkneten und Laibe oder Striezel daraus formen.

Auf ein mit Butter bestrichenes (oder mit Backpapier ausgelegtes) Backblech legen und nochmals 1 Stunde lang aufgehen lassen. Mit Ei bestreichen und bei 180 °C rund 45 Minuten lang backen.

ERDÄPFELSTRUDEL

Innviertel

ZUTATEN

Teig
- 500 g mehlige Erdäpfel
- 120 g Mehl
- 1 EL Grieß
- 30 g Butter
- 1 Ei
- Salz
- Muskatnuss

Fülle
- 150 g Tomaten
- 150 g Schinken
- 150 g fester Schafskäse
- 2 EL fein geschnittene Kräuter
- Salz, Pfeffer
- 1 Ei zum Bestreichen

ZUBEREITUNG

Erdäpfel kochen, noch heiß schälen und auf ein Brett pressen. Rasch mit den restlichen Zutaten zu einem Teig verarbeiten und auf einem gut bemehlten Brett ausrollen.

Für die Fülle Tomaten blanchieren und schälen. Entkernen und in Würfel schneiden. Schinken und Schafskäse würfeln und mit den Tomaten mischen. Mit den Kräutern, Salz und Pfeffer würzen und auf dem Teig verteilen.

Den Strudel einrollen, mit versprudeltem Ei bestreichen und im vorgeheizten Rohr (160 bis 180 °C) ca. 30 Minuten backen.

Feine Festtags-Potize

Innviertel

ZUTATEN

Teig
- 30 g Germ
- 250 ml Kaffeeobers
- 1 Packerl Vanillezucker
- 500 g Mehl
- 2 Eidotter
- 100 g zerlassene Butter
- 1 kräftige Prise Salz
- zerlassene Butter
- Zimtzucker
- 1 versprudeltes Ei zum Bestreichen

Die Potize kommt ursprünglich aus der böhmischen Küche. Diese fein gefüllte Variante stammt aus Oberösterreich.

ZUBEREITUNG

Zitronat und Aranzini kleinschneiden, mit Zitronenschale und Zucker vermischen. Die übrigen Zutaten einrühren und über Nacht ziehen lassen.

Am nächsten Tag für den Teig ein Dampfl aus Germ, Obers und Vanillezucker bereiten. Mit dem Mehl, Eidottern, Butter und Salz zu einem festen Germteig kneten. Eine gute Stunde lang gehen lassen. Teig auf einem Brett so dünn wie möglich auswalken, mit zerlassener Butter bestreichen, mit Zimtzucker bestreuen und die Fülle darauf verteilen. Einrollen und wie ein

Fülle
- 50 g Zitronat
- 50 g Aranzini
- geriebene Schale von ¼ Zitrone
- 1 TL Zucker
- 250 g Rosinen
- 50 g Pignolien-kerne
- 1 TL Nelkenpulver
- 1 Prise Zimt
- 125 ml Rum

Seil um die eigene Achse eindrehen. Schneckenförmig in die gut gefettete Pfanne legen und nochmals gehen lassen.

Mit Ei bestreichen und bei 160–180 °C backen, bis die Potize schön braun ist.

PINKAFELDER GRAMMELSTRUDEL

Südburgenland

ZUTATEN

- 200 g Grammeln
- 400 g Mehl
- 150 g Zucker
- 100 g geriebene Haselnüsse
- 1 Packerl Vanillezucker
- 1 Packerl Backpulver
- 1 Ei
- ca. 125 ml Milch
- 1 Prise Salz
- etwas Zimt
- 1 TL Rum
- säuerliche Marmelade (Ribisel oder Preiselbeere) zum Füllen

Das Besondere an diesem Strudel ist, dass er nicht mit Grammeln gefüllt wird. Diese werden nämlich in den Teig eingearbeitet.

ZUBEREITUNG

Die Grammeln faschieren oder fein hacken. Mit den restlichen Zutaten vermischen und den Teig gut durchkneten (nicht zu viel Milch nehmen, damit der Teig nicht zu weich wird). Den Teig eine Stunde rasten lassen. Mit einem Nudelholz auswalken und gut fingerdick mit Preiselbeer- oder Ribiselmarmelade bestreichen. Den Strudel zusammenrollen und im Rohr bei 180 °C etwa 25 bis 30 Minuten backen.

GEKOCHTER GRIESSSTRUDEL

Inntal

ZUTATEN

- Strudelteig nach Grundrezept (Seite 25)

Fülle:
- 0,2 l Grieß (entspricht etwa 170 g oder im Messbecher wie Mehl abmessen)
- 400 ml Rahm
- 4 Eier
- 70 g Butter
- braune Butter und geröstete Brösel zum Abschmalzen

Gekochte Strudel sind aus einigen Regionen bekannt. Dieses historische Rezept stammt aus dem Klassiker Die österreichische Küche *von Marie von Rokitansky, die Erstausgabe erschien 1897 in Innsbruck.*

ZUBEREITUNG

Grieß mit saurem Rahm mischen und 1 Stunde stehen lassen. Strudelteig ausziehen. Eier trennen. Butter mit 4 Dotter abtreiben, Abtrieb mit dem Grieß verrühren und schließlich den festen Schnee von 4 Eiklar zur Masse mengen. Diese Masse auf den Strudelteig streichen, zusammenrollen und den Strudel in Salzwasser kochen. Beim Auftragen entweder zu Stücken zerschneiden oder ganz anrichten und mit brauner Butter und gerösteten Brösel abschmalzen.

KOHLSTRUDEL

Steiermark

ZUTATEN

- Strudelteig nach Grundrezept (Seite 25)

Fülle:
- 600 g Kohl
- 1 EL gehackte Zwiebel
- 300 g Faschiertes
- 1 Knoblauchzehe
- 1 EL gehackte Petersilie
- 1 roter Paprika
- Salz
- Pfeffer
- Majoran
- Kümmel
- etwas zerlassene Butter
- 1 EL Brösel
- 1 Eidotter
- 125 ml Sauerrahm
- Butter oder Öl

ZUBEREITUNG

Kohl in Salzwasser weich kochen, abseihen und klein hacken. Zwiebel in Öl anschwitzen.

Faschiertes, zerdrückte Knoblauchzehe, gehackte Petersilie, nudelig geschnittene Paprikaschote und Kohl mitrösten. Mit Salz, Pfeffer, Majoran und Kümmel würzen. Vom Herd nehmen und überkühlen lassen.

Strudelteig ausziehen, mit zerlassener Butter bestreichen und mit Bröseln bestreuen. Dann die Füllung auftragen.

Eidotter mit Rahm versprudeln und die Füllung damit beträufeln. Den Strudel einrollen und in einer mit Butter oder etwas Öl gefetteten Pfanne zugedeckt garen.

Mit brauner Butter übergießen und mit Schnittlauch bestreuen.

MILLIRAHMSTRUDEL

Wienerwald

ZUTATEN

- Strudelteig nach Grundrezept (Seite 25)

Fülle:
- 4 Eier
- 110 g Butter
- 80 g Zucker
- Saft und Schale von ½ Zitrone
- 1 Prise Salz
- 3 altbackene Semmeln, in Milch oder Obers eingeweicht
- 250 ml Sauerrahm
- 50 g Rosinen
- 250 ml Milch
- 1 EL Butter
- Zucker zum Bestreuen

Rahm in der Fülle und noch „Milli" (Milch) dazu – doppelt hält besser bei diesem Traditionsrezept der österreichischen Mehlspeisküche.

ZUBEREITUNG

Eier trennen, Eiklar zu Schnee schlagen. Butter flaumig abtreiben, nach und nach Zucker einrühren, ebenso die Eidotter, Zitronenschale und -saft sowie 1 Prise Salz. Die entrindeten, gut ausgedrückten Semmeln einmischen, dann Rahm und den Eischnee unterheben. Die Masse auf den ausgezogenen Strudelteig streichen (nicht ganz bis zum Rand), mit Rosinen bestreuen und locker einrollen. Milch in eine passende Pfanne etwa 1 cm hoch eingießen, Butter zugeben und ins vorgewärmte Rohr stellen, bis die

Butter zergangen ist. Strudel in die Pfanne schlichten und bei 160 bis 180 °C etwa 25 Minuten backen, bis der Strudel schön braun und die Milch verdunstet ist.

Mohnstrudel

Wien

ZUTATEN

Teig
• 21 g Germ
• 70 g Zucker
• 430 g Mehl
• 187 ml Milch
  (¹⁄₁₆ l und ¹⁄₈ l)
• Salz
• 2 Eier
• geriebene Schale
  von ½ Zitrone
• 100 g geschmol-
  zene Butter

Fülle
• 250 g gemahlener
  Mohn
• 250 ml Milch
• geriebene Schale
  von ½ Zitrone
• 1 TL Zimt
• 20 g Rosinen
• 100 g Zucker
• 60 g Butter
• 1 versprudeltes Ei
  zum Bestreichen

ZUBEREITUNG

Ein Dampfl aus Germ, 10 g Zucker,
30 g vom Mehl und ¹⁄₁₆ l Milch
bereiten.

Restliches Mehl mit Salz, ¹⁄₈ l lauwar-
mer Milch, dem restlichen Zucker,
Eiern, Zitronenschale, geschmolzener
Butter sowie dem Dampfl zu einem
festen Teig vermischen. Mit einem
Kochlöffel gut abschlagen, bis sich
der Teig vom Kochlöffel löst. Etwa
1 Stunde gehen lassen.

Für die Fülle den Mohn in heißer
Milch weich kochen. Dann mit den
restlichen Zutaten verrühren und
abkühlen lassen.

Teig messerrückendick auswalken und
mit der Fülle bestreichen. Zusammenrollen, auf ein mit Backpapier ausgelegtes Backblech legen und nochmals
etwa 30 Minuten gehen lassen.

Mit Ei bestreichen und bei 160 °C
backen, bis der Strudel goldbraun ist.

BRUNNER RÜBENSTRUDEL

Waldviertel

ZUTATEN

- Strudelteig nach Grundrezept (Seite 25)

Fülle
- 1,5 kg Weiße Rüben (Mairüben oder Stoppel-rüben)
- Salz
- 250 ml Sauerrahm
- Kümmel
- Pfeffer
- Öl zum Bestreichen

ZUBEREITUNG

Die Rüben großzügig schälen und mit dem Krauthobel hobeln.

Die Rübenschnitzel in eine Schüssel geben und salzen. Etwa eine halbe Stunde zum Entwässern stehen lassen. Dann gut abtropfen lassen und mit Sauerrahm, Kümmel und Pfeffer vermischen.

Strudelteig ausziehen und mit der Rübenmischung belegen. Einrollen und mit Öl bestreichen.

Im vorgeheizten Rohr bei 160 bis 180 °C backen, bis er schön braun ist.

Schmerstrudel mit Topfen

Schneebergland

ZUTATEN

Teig
- 350 g Schmer (rohes Bauchfett vom Schwein), fein faschiert
- 420 g Mehl
- 2 Eidotter
- 1 Spritzer Essig
- 125 ml Most

Fülle
- 500 g Topfen
- 100 g Butter
- 150 g Staubzucker
- 2 Eier
- geriebene Schale von 1 Zitrone
- 1 Schuss Rum
- 50 g Rosinen

ZUBEREITUNG

Schmer mit 160 g Mehl abarbeiten, daraus einen Ziegel (ca. 15 x 20 cm) formen und 30 Minuten rasten lassen. Aus den restlichen Zutaten einen Teig kneten und rasten lassen. Teig auswalken, Schmer-Ziegel darauflegen und mit dem Teig einschlagen. Wieder auswalken, dreifach zusammenlegen, ausrollen und 30 Minuten rasten lassen. Zweimal wiederholen. Zum Schluss den Teig noch einmal vierfach einschlagen und auswalken. Topfen mit Butter, Zucker und Eiern abtreiben, mit den restlichen Zutaten vermischen. Die Fülle auf den ausgewalkten Schmer-Teig streichen und eine Seite daraufschlagen. Diese mit Eiklar bestreichen, die zweite Seite darüberschlagen und etwas andrücken. Bei 200 °C goldbraun backen.

GEFLOCHTENER STRIEZEL

Österreich

ZUTATEN

- 200 ml Milch
- 25 g Germ
- 500 g Mehl
- 100 g Zucker
- 100 g Butter
- 1 Prise Salz
- 1 Ei
- 3 Eidotter
- 2 TL Vanillezucker
- geriebene Schale von 1 Zitrone
- Butter fürs Blech
- 1 versprudeltes Ei zum Bestreichen

ZUBEREITUNG

Aus der Hälfte der Milch, der Germ und etwas vom Mehl ein Dampfl zubereiten. Dicht mit Mehl bestäuben und an einem warmen Ort 15 Minuten gehen lassen.

Die restliche Milch erwärmen, Zucker, Butter und Salz darin auflösen. Mit Ei, Eidottern, Vanillezucker und Zitronenschale versprudeln. Mit dem Dampfl und dem restlichen Mehl zu einem Teig kneten. Den Teig an einem warmen Ort 45 Minuten gehen lassen. Teig in drei gleiche Teile schneiden und zu Strängen formen, die in der Mitte etwas dicker sind (ca. 3 cm Durchmesser), und daraus einen schönen Zopf flechten. Teigenden gut zusammendrücken und den Striezel auf ein mit Backpapier ausgelegtes Backblech legen. Mit einem Tuch bedecken und nochmals aufgehen lassen, sodass sich sein Volumen um etwa ein Drittel vergrößert. Mit Ei bestreichen und im vorgewärmten Rohr bei 160 °C etwa 45 Minuten goldbraun backen.

Oktoberfest-Striezel

Bayern

ZUTATEN

Teig
- 30 g Germ
- 55 g Zucker
- 200 ml Milch
- 500 g Mehl
- 100 g Butter
- 2 Eier
- 1 Prise Salz
- 1 Packerl Vanillezucker

Fülle
- 150 g Haselnüsse
- 100 g Walnüsse
- 90 g Zucker
- 200 ml Crème double (od. Panna)
- 3 EL Rum
- 1 Eidotter
- 1 EL Milch zum Bestreichen
- 60 g Staubzucker, 2 EL Haselnuss-Sirup für die Glasur

ZUBEREITUNG

Germ mit 1 EL Zucker, Milch und etwas Mehl zu einem Dampfl vermischen und an einem warmen Ort gehen lassen.

Butter, Eier, Zucker, Salz, restliches Mehl und Vanillezucker vermischen. Germ-Dampfl zugeben und alles zu einem Teig verkneten. Gehen lassen und noch einmal kneten.

Haselnüsse und Walnüsse hacken oder reiben, mit den restlichen Zutaten für die Fülle mischen, auf dem Teig verteilen und einrollen. Auf ein mit Backpapier ausgelegtes Backblech legen.

Mit einem scharfen Messer der Länge nach halbieren und beide Hälften wie ein Seil zusammendrehen. Eidotter mit Milch versprudeln und einstreichen. Im vorgeheizten Rohr bei 175 °C

etwa 40 Minuten lang backen.
Staubzucker und Haselnuss-Sirup
verrühren und den noch warmen
Striezel damit bestreichen.

Tante Ethes Topfenstollen

Salzkammergut

ZUTATEN

- 250 g Rosinen
- 120 g gehackte Mandeln
- 80 g gewürfeltes Zitronat
- Rum zum Befeuchten
- 120 g Butter
- 60 g Schmalz
- 200 g Zucker
- ein paar Tropfen Bittermandelöl
- 1 Msp. Kardamom
- 1 Packerl Vanillezucker
- 1 Prise Salz
- geriebene Schale von 1 Zitrone
- 2 EL Rum
- 2 Eier
- 600 g Mehl
- 1 Packerl Backpulver
- 250 g Topfen
- Butter, Staubzucker

Eigentlich ein Christstollen – schmeckt aber zu jeder Jahreszeit köstlich.

ZUBEREITUNG

Rosinen, Mandeln und Zitronat mit etwas Rum ziehen lassen. Butter und Schmalz sehr schaumig rühren, dann Zucker, Aromaten und Eier einarbeiten.

Auf einem Brett aus dem mit dem Backpulver versiebten Mehl, dem Topfen und dem Abtrieb einen festen Teig kneten. Teig etwas auswalken, mit der Rosinenmischung belegen, zusammenschlagen und durchkneten. Zu einem Wecken formen, mit dem Nudelwalker in Längsrichtung eindrücken. Eine Teigseite über die andere schlagen und den Stollen auf einem mit Backpapier ausgelegten Blech bei 160 bis 180 °C nicht zu

dunkel backen. Noch heiß mit
zerlassener Butter bepinseln und
dick mit Staubzucker bestreuen.

ALLHAUER ZWETSCHKENSTRUDEL

Südburgenland

ZUTATEN

Teig
- 1 Ei
- 120 g Butter
- 3 EL Zucker
- 62 ml Schlagobers
- 200 g Mehl

Fülle
- 1 altbackene Semmel, gewürfelt
- 4 EL Milch
- 1 Ei
- 60 g Butter
- 60 g Zucker
- 50 g geriebene Mandeln
- 400 g Zwetschken, entkernt und halbiert
- Öl zum Befetten
- 1 versprudeltes Ei zum Bestreichen

ZUBEREITUNG

Ei, Butter, Zucker und Schlagobers in eine Schüssel geben und verrühren. So viel Mehl einrühren, dass ein mittelfester Teig entsteht. Im Kühlschrank 30 Minuten rasten lassen. Für die Fülle die Semmelwürfel mit Milch befeuchten. Ei trennen. Eidotter mit Butter und Zucker schaumig rühren, Semmelwürferln unterheben. Eiklar zu Schnee schlagen und mit den Mandeln unter die Semmelmasse mischen.

Teig ausrollen und mit der Masse bestreichen. Dann die Zwetschken darauf verteilen. Strudel einrollen, auf ein befettetes Backblech legen und mit Ei bestreichen.

Im vorgeheizten Rohr bei mittlerer Hitze (160 °C) goldbraun backen.

Über die Autorin

Elisabeth Ruckser beschäftigt sich seit Jahren mit dem Thema hochwertige Lebensmittel. Für das Magazin *Servus in Stadt & Land* schreibt sie regelmäßig Beiträge für die Rubriken „Aus Omas Kochbuch" sowie „Gutes von daheim". Sie hat mehrere Bücher verfasst und bereist als Journalistin auf der Suche nach den authentischen Lebensmittelhandwerkern und -produzenten ganz Österreich. Sie lebt in Wien und Eibenstein im Waldviertel und betreibt dort die „Erste Waldviertler Biobackschule".

Sämtliche Angaben in diesem Werk erfolgen trotz sorgfältiger Bearbeitung ohne Gewähr.
Eine Haftung der Autoren bzw. Herausgeber und des Verlages ist ausgeschlossen.

2. Auflage 2022 © 2018 Servus bei Benevento Publishing, eine Marke der Red Bull Media House GmbH, Wals bei Salzburg · Alle Rechte vorbehalten, insbesondere das des öffentlichen Vortrags, der Übertragung durch Rundfunk und Fernsehen sowie der Übersetzung, auch einzelner Teile. Kein Teil des Werkes darf in irgendeiner Form (durch Fotografie, Mikrofilm oder andere Verfahren) ohne schriftliche Genehmigung des Verlages reproduziert oder unter Verwendung elektronischer Systeme verarbeitet, vervielfältigt oder verbreitet werden. · Gesetzt aus der Hoefler Text und The Sans Medieninhaber, Verleger und Herausgeber: Red Bull Media House GmbH, Oberst-Lepperdinger-Straße 11–15, 5071 Wals bei Salzburg, Österreich · Gestaltung und Satz: graficde'sign. pürstinger, Alex Stieg · Coverfoto: Eisenhut & Mayer Fotos Innenteil: Peter Mayr; außer: S. 7: Stockfood/Michael Brauner; S. 10, 27: Eisenhut & Mayer; S. 12: thinkstock; S. 15: Stockfood/Teubner

Printed by Samson Druck GmbH in Austria
ISBN 978-3-7104-0173-2